学ぶ人は、変えてゆく人だ。

目の前にある問題はもちろん、

人生の問いや、

社会の課題を自ら見つけ、

挑み続けるために、人は学ぶ。

「学び」で、

少しずつ世界は変えてゆける。

いつでも、どこでも、誰でも、

学ぶことができる世の中へ。

旺文社

小学生のための 英語練習帳3

英語の文 250 ［改訂版］

もくじ

この本の特長と使い方

英語の文が身につく 3 つのステップ

→ 全部書けたら，ここに色をぬろう

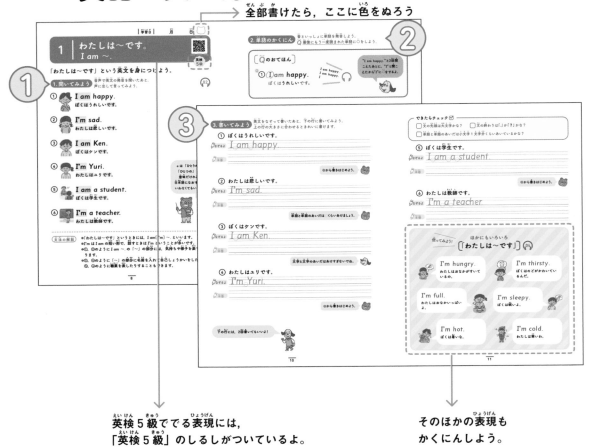

英検 5 級ででる表現には，
「英検 5 級」のしるしがついているよ。

そのほかの表現も
かくにんしよう。

1 聞いてみよう

まずは発音をかくにんしよう。それぞれの英文をどう読むのかを，音声で発音を
聞いたあと，声に出して言ってみよう。

① **I am happy.**
　ぼくはうれしいです。

英文の
読み方が
わかったぞ。

この本では，聞いて，話して，書くことで，英語の文を身につけられるよ。
英語の文を身につけるために，次の 3 つのステップの順に学習しよう。

2 単語のかくにん

次に 1 つ 1 つの単語と語順をかくにんしよう。音声では単語が 1 つずつ読まれて，最後にかんたんなクイズに挑戦するよ。

音声をまねて
言ってみよう！

3 書いてみよう

最後に単語のつづりを定着させるよ。声に出して言いながら，なぞったあとで，本番を書こう。・から書き出して，単語と単語の間は◯を目安にあけるようにしよう。

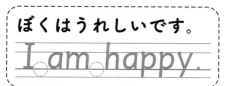

もう
覚えたぞ！

やってみよう

それまで学習した英語の文が身についているかを，かくにんするページだよ。
穴うめやクイズなどの問題に挑戦してみよう！

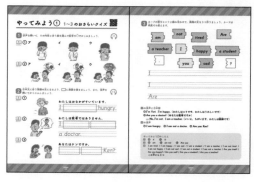

いっしょに学ぶ仲間たち

くまのすけ先生
英語を教えて 20 年の大ベテラン。
やさしく，おもしろく教えることがモットー。丸めがねがお気に入り。

マナブくん
くまのすけ先生の教え子。先生と英語学習を始めてから英語が大好きに。体を動かすことも好き。

アルファベット

英語で使われる文字全体のことを「アルファベット」といい，大文字と小文字が26文字ずつ，全部で52文字あるよ。読み方を音声でかくにんして，書き順を見ながら書いてみよう。

01

大文字と小文字　なぞってみよう！

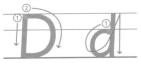

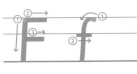

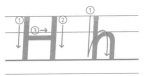

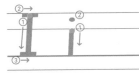

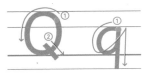

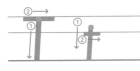

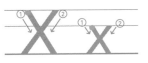

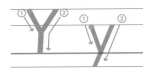

書き順は，書きやすいものをしょうかいしているよ。

4

英語の書き方

4本の線

右のような4本線を使って英語の文字を書く練習をしよう。上から3つ目の線は基本となる線。目立つように青くしてあるよ。

1	
2	↓
3	
4	

アルファベットの書き方

① 青い線（3の線）を地面の高さだとすると，青い線のすぐ上の線（2の線）との間に入る文字は**1階だて**，一番上の線（1の線）との間に入る文字は**2階だて**，という感じだね。2の線と4の線の間に書く文字は**地下1階付き**ということになるよ。

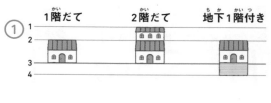

② **大文字**は全部2階だての文字。つまり，1と3の線の間に書くんだ。

③ **小文字**は文字によってちがうよ。iとjとtの3つは例外だけど，ほかの文字はこの3種類のどれかになるよ。

❶ 1階だての文字
　青い線とすぐ上の線の間に入る

❷ 2階だての文字
　青い線と一番上の線の間に入る

❸ 地下1階付きの文字
　青い線をはさんで，そのすぐ上と下の線の間に入る

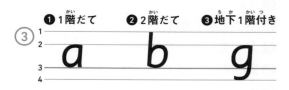

④ また，英語の文字を書くときは右のようなことにも注意しよう。

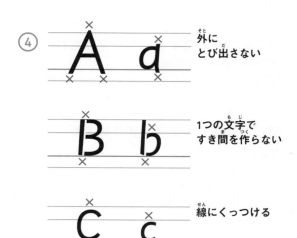

英文の書き方

英語の文を書くときには，単語と単語をつなげずに，間をあけて書く，ということを覚えておこう。「むかしむかしあるところにおばあさんがすんでいました」じゃなくて「むかしむかし　あるところに　おばあさんが　すんでいました」という感じだね。

単語と単語の間があいていることがよくわかるためには，1つの単語の中の文字どうしは近づけて書くといいね。つまり，Thisismybook.やＴｈｉｓｉｓｍｙｂｏｏｋ.じゃなくて，This is my book.のように書くっていうこと。

ほかにも覚えておくとよいことがあるから，よく読んで確かめてね。

例：「こんにちは，サラ。元気？」　④小文字の 'n' 2文字分あける

Hi, Sara.　How are you?

❶大文字　　　　　　　　　❸ふつうの文の終わりに「.」　　　❺質問の文の終わりには「?」
❷小文字の 'n' 1文字分あける

❶ 文の最初の文字は大文字で書く
❷ 単語と単語の間は小文字の 'n' 1文字分くらいあける
❸ ふつうの文の終わりにはピリオド（.）をつける
❹ 文と文の間は小文字の 'n' 2文字分くらいあける
❺ 質問の文の終わりには「?」をつける
❻ 気持ちをこめた文の終わりにはエクスクラメーションマーク（!）をつける

ところで，英語の文字，とくに小文字には，幅がせまいiやlもあれば，幅がひろいmやwもあることに気づいているかな。どの文字もだいたい同じ大きさで書く日本語の文字とはちがうんだね。

 こんなことも知っておこう。

単語はふつう小文字で書くよ。ただし，人の名前，国名，地名，月，曜日などは最初の文字を大文字で書き始めるよ。

人の名前　例：「タロウ」　　　　国名　例：「日本」　　　　地名　例：「東京」

Taro　　Japan　　Tokyo

↑
大文字

月（1月～12月）　例：「1月」　　　曜日　例：「月曜日」

January　　Monday

6

音声について

左の音声マークがある箇所は音声が収録されています。マークに示された数字はトラック番号を表します。音声は，二次元コード，アプリ，サイトから無料で聞くことができますので，学習環境に合わせてご利用ください。

公式アプリ「英語の友」（iOS/Android）で聞く

① 「英語の友」公式サイトよりアプリをインストール
（右の二次元コードから読み込めます）

https://eigonotomo.com/

② ライブラリより『小学生のための英語練習帳3 英語の文250［改訂版］』を選び，「追加」ボタンをタップ

※本アプリの機能の一部は有料ですが，本書の音声は無料でお聞きいただけます。
※詳しいご利用方法は「英語の友」公式サイト，またはアプリ内のヘルプをご参照ください。
※本サービスは予告なく終了することがあります。

二次元コードで聞く

各課のタイトル部分にある二次元コードをスマートフォン・タブレットで読み取ってください。

音声サイトを利用する

下記の専用サイトにアクセスし，お使いの書籍を選択してください。

https://service.obunsha.co.jp/tokuten/eigoren/

ダウンロードまたはストリーミングで音声を再生できます。

※ダウンロードについて：音声ファイルはMP3形式です。ZIP形式で圧縮されていますので，解凍（展開）して，MP3を再生できるデジタルオーディオプレーヤーなどでご活用ください。解凍（展開）せずに利用されると，ご使用の機器やソフトウェアにファイルが認識されないことがあります。デジタルオーディオプレーヤーなどの機器への音声ファイルの転送方法は，各製品の取り扱い説明書などをご覧ください。
※スマートフォンやタブレットでは音声をダウンロードできません。
※音声を再生する際の通信料にご注意ください。
※ご使用機器，音声再生ソフトなどに関する技術的なご質問は，ハードメーカーもしくはソフトメーカーにお願いします。
※本サービスは予告なく終了することがあります。

1 | わたしは〜です。
I am 〜.

英検
5級

「わたしは〜です」という英文を身につけよう。

1. 聞いてみよう 音声で英文の発音を聞いたあと、声に出して言ってみよう。

 02

① **I am happy.**
ぼくはうれしいです。

② **I'm sad.**
わたしは悲しいです。

③ **I am Ken.**
ぼくはケンです。

④ **I'm Yuri.**
わたしはユリです。

⑤ **I am a student.**
ぼくは学生です。

⑥ **I'm a teacher.**
わたしは教師です。

> a は「ひとりの」、「ひとつの」という意味だけれど、日本語になおすときはいわなくてもいいよ。

・・・

文法の解説
- 「わたしは〜です」というときには、I am〔I'm〕〜. といいます。
- I'm は I am の短い形で、話すときは I'm ということが多いです。
- ①、②のように I am 〜.の「〜」の部分には、気持ちや様子を表す語が入ります。
- ③、④のように「〜」の部分に名前を入れて自己しょうかいをしたり、
  ⑤、⑥のように職業を表したりすることもできます。

音といっしょに単語を発音しよう。
Q 最後にもう一度読まれた単語に〇をしよう。

[Q のおてほん]

Q ① I am happy.
ぼくはうれしいです。

I am happy.
I am happy.
I

"I am happy."と2回聞こえたあとに，"I"と聞こえたから"I"に〇をするよ。

Q ② わたしは悲しいです。
I'm sad.

Q ③ ぼくはケンです。
I am Ken.

Q ④ わたしはユリです。
I'm Yuri.

Q ⑤ ぼくは学生です。
I am a student.

Q ⑥ わたしは教師です。
I'm a teacher.

クイズのこたえ ①I ②sad ③am ④Yuri ⑤student ⑥teacher

3. 書いてみよう

英文をなぞって書いたあと，下の行に書いてみよう。
上の行の大きさに合わせるときれいに書けます。

① ぼくはうれしいです。

なぞるよ I am happy.

本番

● から書きはじめよう。

② わたしは悲しいです。

なぞるよ I'm sad.

本番

単語と単語のあいだは◯くらいあけましょう。

③ ぼくはケンです。

なぞるよ I am Ken.

本番

文字と文字のあいだはあけすぎないでね。

④ わたしはユリです。

なぞるよ I'm Yuri.

本番

● から書きはじめよう。

下の行には，2回書いてもいいよ!

⑤ ぼくは学生です。

なぞるよ I am a student.

本番

●から書きはじめよう。

⑥ わたしは教師です。

なぞるよ I'm a teacher.

本番

使ってみよう！

ほかにもいろいろ

「わたしは～です」 04

I'm hungry.
わたしはおなかがすいているの。

I'm thirsty.
ぼくはのどがかわいているんだ。

I'm full.
わたしはおなかいっぱいよ。

I'm sleepy.
ぼくは眠いよ。

I'm hot.
ぼくは暑いな。

I'm cold.
わたしは寒いわ。

---

2 | わたしは〜ではありません。 I am not 〜.

英検
5級

「わたしは〜ではありません」という英文を身につけよう。

1. 聞いてみよう 音声で英文の発音を聞いたあと、声に出して言ってみよう。

05

① **I am not tired.**
わたしはつかれてはいません。

② **I'm not fine.**
ぼくは元気ではありません。

③ **I am not Mika.**
わたしはミカではありません。

④ **I'm not Takeshi.**
ぼくはタケシではありません。

人や国の名前は
はじめを大文字で
書くよ。

⑤ **I am not a doctor.**
わたしは医者ではありません。

⑥ **I'm not a cook.**
わたしは料理人ではありません。

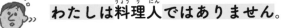

文法の解説
● 「わたしは〜ではありません」というときには、am や I'm のあとに not
を置いて、I am［I'm］not 〜. といいます。
● I'm は I am を短くした形で、not を置くときは I'm not といいます。

Q ①　わたしはつかれてはいません。
I am not tired.

Q ②　ぼくは元気ではありません。
I'm not fine.

Q ③　（Miku）わたしはミカではありません。
I am not Mika.

Q ④　（Takashi）ぼくはタケシではありません。
I'm not Takeshi.

Q ⑤　わたしは医者ではありません。
I am not a doctor.

Q ⑥　わたしは料理人ではありません。
I'm not a cook.

クイズのこたえ　① not　② fine　③ am　④ not　⑤ doctor　⑥ cook

notを置く位置に注意しよう。
am や I'm のうしろに置くんだよ。

13

英文をなぞって書いたあと，下の行に書いてみよう。
上の行の大きさに合わせるときれいに書けます。

① わたしはつかれてはいません。

なぞるよ **I am not tired.**

本番

● から書きはじめよう。

② ぼくは元気ではありません。

なぞるよ **I'm not fine.**

本番

単語と単語のあいだは ○ くらいあけましょう。

③ わたしはミカではありません。

なぞるよ **I am not Mika.**

本番

文字と文字のあいだはあけすぎないでね。

④ ぼくはタケシではありません。

なぞるよ **I'm not Takeshi.**

本番

I am not は短くして I'm not
ということが多いよ。

⑤ わたしは医者ではありません。

なぞるよ　I am not a doctor.

本番

⑥ わたしは料理人ではありません。

なぞるよ　I'm not a cook.

本番

使ってみよう！

ほかにもいろいろ

「わたしは〜ではありません」 🎧07

I'm not
sleepy.
ぼくは眠くないよ。

I'm not
strong.
わたしは強くないわ。

I'm not a
baseball player.
ぼくは野球選手では
ないよ。

I'm not free.
わたしはひまではない
わ。

I'm not busy.
ぼくはいそがしく
ないよ。

I'm not
a scientist.
わたしは科学者ではない
わ。

3 | あなたは～ですか。
Are you ～?

英検
5級

「あなたは～ですか」という英文を身につけよう。

1. 聞いてみよう 音声で英文の発音を聞いたあと，
声に出して言ってみよう。

 08

① **Are you sick?** 🔼
あなたは具合が悪いのですか。

たずねる文の最後は，Are you sick? ↗
と，上げ調子で読むんだよ。

② **Yes, I am.**
はい，そうです。

③ **Are you a soccer fan?** 🔼
あなたはサッカーのファンですか。

④ **No, I am not.**
いいえ，ちがいます。

⑤ **Are you from the USA?** 🔼
あなたはアメリカ合衆国出身ですか。

⑥ **No, I'm not.**
いいえ，ちがいます。

文法の解説
- 「あなたは～ですか」とたずねるときには，Are you ～? といいます。
- Are you ～?「あなたは～ですか」に「はい，そうです」と答えるときは，Yes, I am. といい，「いいえ，ちがいます」と答えるときは，No, I am〔I'm〕not. といいます。
- ⑤のように，from ～ で，「～出身」ということができます。

2. 単語のかくにん

音といっしょに単語を発音しよう。
Q 最後にもう一度読まれた単語に〇をしよう。

Q
①  あなたは具合が悪いのですか。
Are you sick?

Q
② はい，そうです。
Yes, I am.

Q
③  あなたはサッカーのファンですか。
Are you a soccer fan?

Q
④  いいえ，ちがいます。
No, I am not.

Q
⑤ あなたはアメリカ合衆国出身ですか。
Are you from the USA?

Q
⑥  いいえ，ちがいます。
No, I'm not.

クイズのこたえ　①you　②Yes　③fan　④not　⑤from　⑥No

3. 書いてみよう

英文をなぞって書いたあと，下の行に書いてみよう。
上の行の大きさに合わせるときれいに書けます。

① あなたは具合が悪いのですか。

なぞるよ Are you sick?

本番

●から書きはじめよう。

② はい，そうです。

なぞるよ Yes, I am.

本番

単語と単語のあいだは◯くらいあけましょう。

③ あなたはサッカーのファンですか。

なぞるよ Are you a soccer fan?

本番

文字と文字のあいだはあけすぎないでね。

④ いいえ，ちがいます。

なぞるよ No, I am not.

本番

たずねる文の最後には
「?」（クエスチョン・マーク）を置くよ。

18

⑤ あなたはアメリカ合衆国出身ですか。

なぞるよ Are you from the USA?

本番

⑥ いいえ，ちがいます。

なぞるよ No, I'm not.

本番

使ってみよう!   ほかにもいろいろ
「あなたは～ですか」 🎧⑩

Are you a tennis player?
あなたはテニスの選手なの？

Yes, I am.
ええ，そうよ。

Are you from Canada?
きみはカナダ出身なの？

No, I'm not.
いいや，ちがうよ。

Are you busy?
きみはいそがしいの？

Yes, I am.
ええ，いそがしいわ。

19

やってみよう① 1〜3 のおさらいクイズ

1 音声を聞いて，その内容と合う絵を選んで記号を○でかこみましょう。　🎧11

1 のおさらい　① ア　　　　　イ　　　　　ウ

3 のおさらい　② ア　　　　　イ　　　　　ウ

2 日本文に合う英語の文になるよう，□に単語を書きましょう。また，音声を聞いてかくにんしましょう。　🎧12

1 のおさらい　①

わたしはおなかがすいています。

I ⬚ hungry.

2 のおさらい　②

わたしは医者ではありません。

I ⬚ ⬚

a doctor.

3 のおさらい　③

あなたはケンですか。

⬚ ⬚ Ken?

カードの形をヒントに組み合わせて，英語の文を3つ作りましょう。カードは何度でも使えます。

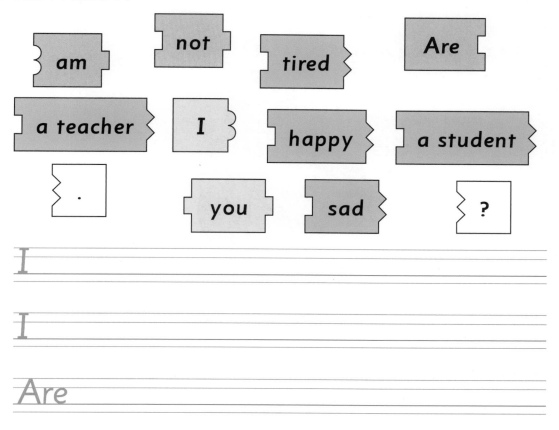

I
_____

I
_____

Are
_____

1 の音声と日本語

①I'm Yuri. I'm happy.（わたしはユリです。わたしはうれしいです）

②Are you a doctor?（あなたは医者ですか）

　— No, I'm not. I am a teacher.（いいえ，ちがいます。わたしは教師です）

2 の音声

①I am hungry.　②I am not a doctor.　③Are you Ken?

あいさつの表現

● 初めて会った人とのあいさつ

● 相手の名前をたずねる表現

音声で発音を聞いたあと，声に出して言ってみよう。

●友達と会ったときのあいさつ

Hi, Takuya.
こんにちは，タクヤ。

Hi, Judy.
やあ，ジュディー。

●先生と会ったときのあいさつ

Hello, Mr. Jones.
こんにちは，ジョーンズ先生。

Hi, Sachiko.
こんにちは，サチコ。

●友達や知りあいと会ったときのあいさつ

How are you?
調子はどうですか。

（I'm）Fine. Thank you.
元気です。ありがとう。
How about you?
あなたはどうですか。

I'm fine, too.
Thanks.
わたしも元気です。
ありがとう。

How are you? には，次のように答えることもできるよ。
●（I'm）Very good. 「とても元気です」
●（I'm）Good. 「元気です」
●OK. / Not bad. 「悪くないです」
●Not so good. 「あまりよくないです」

4 | これは〜です。／あれは〜です。
This is 〜. / That is 〜.

英検
5級

「これ〔あれ〕は〜です」という英文を身につけよう。

1. 聞いてみよう
音声で英文の発音を聞いたあと，
声に出して言ってみよう。

① **This is a station.**
これは駅です。

② **That is a library.**
あれは図書館です。

③ **This is my cat.**
これはわたしのネコです。

④ **That's your dog.**
あれはあなたのイヌです。

⑤ **This is my mother.**
こちらはわたしの母です。

⑥ **That is Mr. Brown.**
あちらはブラウン先生です。

・・

文法の解説
- 「これは〜です」というときには，This is 〜. といい，「あれは〜です」というときには，That is〔That's〕〜. といいます。
- ④のように，That is の部分は That's という形に短くしていうことが多いです。This is は短くすることはできません。
- ⑤，⑥のように This is 〜. や That is〔That's〕〜. の「〜」の部分に人を入れると，「こちらは〜です」，「あちらは〜です」と人のしょうかいができます。
- my 〜 は「わたしの〜」，your 〜 は「あなたの〜」という意味です。

2. 単語のかくにん

音といっしょに単語を発音しよう。
Q 最後にもう一度読まれた単語に〇をしよう。

15

Q ①　これは駅です。
This is a station.

Q ②　あれは図書館です。
That is a library.

Q ③　これはわたしのネコです。
This is my cat.

Q ④　あれはあなたのイヌです。
That's your dog.

Q ⑤　こちらはわたしの母です。
This is my mother.

Q ⑥　あちらはブラウン先生です。
That is Mr. Brown.

クイズのこたえ　①This　②is　③my　④your　⑤mother　⑥That

Mr. は，男の人の名字につけて「〜さん，先生」という意味を表すよ。女の人の名字には Ms. や Mrs. をつけるんだ。

25

① これは駅です。

なぞるよ　*This is a station.*

本番

●から書きはじめよう。

② あれは図書館です。

なぞるよ　*That is a library.*

本番

単語と単語のあいだは○くらいあけましょう。

③ これはわたしのネコです。

なぞるよ　*This is my cat.*

本番

文字と文字のあいだはあけすぎないでね。

④ あれはあなたのイヌです。

なぞるよ　*That's your dog.*

本番

my 〜 や your 〜 がある場合は，
a はつかないよ。

26

⑤ こちらはわたしの母です。

🖊️ なぞるよ　　This is my mother.

🖊️ 本番

⑥ あちらはブラウン先生です。

🖊️ なぞるよ　　That is Mr. Brown.

🖊️ 本番

使ってみよう！

ほかにもいろいろ

「これは〜です」／「あれは〜です」 🎧16

This is a desk.
これはつくえだね。

This is my eraser.
これはわたしの消しゴムよ。

That's a hospital.
あれは病院だよ。

That is your house.
あれはあなたの家ね。

This is a lemon.
これはレモンだよ。

That is a monkey.
あれはサルよ。

5 これは〜ではありません。／あれは〜ではありません。
This is not 〜. / That is not 〜.

英検5級

「これ〔あれ〕は〜ではありません」という英文を身につけよう。

1. 聞いてみよう
音声で英文の発音を聞いたあと，声に出して言ってみよう。

 17

① **This is not a bus.**
これはバスではありません。

② **That is not a doll.**
あれは人形ではありません。

③ **This isn't my pen.**
これはわたしのペンではありません。

④ **That isn't your umbrella.**
あれはあなたのかさではありません。

⑤ **This isn't my bike.**
これはわたしの自転車ではありません。

⑥ **That's not your car.**
あれはあなたの車ではありません。

文法の解説
- 「これは〜ではありません」，「あれは〜ではありません」というときには，is のあとに not を置いて，This is not 〜., That is〔That's〕not 〜. といいます。
- This is not の部分は This isn't という形に短くしていうことが多いです。
- That is not の部分は，That isn't と That's not という，2つの短くしたいいかたがあります。

2. 単語のかくにん

音といっしょに単語を発音しよう。
Q 最後にもう一度読まれた単語に○をしよう。

Q① これはバスではありません。
This is not a bus.

Q② あれは人形ではありません。
That is not a doll.

Q③ これはわたしのペンではありません。
This isn't my pen.

Q④ あれはあなたのかさではありません。
That isn't your umbrella.

Q⑤ これはわたしの自転車ではありません。
This isn't my bike.

Q⑥ あれはあなたの車ではありません。
That's not your car.

....

(クイズのこたえ)　①not　②That　③pen　④umbrella　⑤my　⑥your

notを置く位置に注意しよう。
isのうしろに置くんだよ。

29

3. 書いてみよう

英文をなぞって書いたあと，下の行に書いてみよう。
上の行の大きさに合わせるときれいに書けます。

① これはバスではありません。

なぞるよ　This is not a bus.

本番

●から書きはじめよう。

② あれは人形ではありません。

なぞるよ　That is not a doll.

本番

単語と単語のあいだは ○ くらいあけましょう。

③ これはわたしのペンではありません。

なぞるよ　This isn't my pen.

本番

文字と文字のあいだはあけすぎないでね。

④ あれはあなたのかさではありません。

なぞるよ　That isn't your umbrella.

本番

is not は短くして isn't
ということもできるよ。

30

⑤ これはわたしの自転車ではありません。

なぞるよ　This isn't my bike.

本番

⑥ あれはあなたの車ではありません。

なぞるよ　That's not your car.

本番

使ってみよう！

ほかにもいろいろ　🎧19

「これは〜ではありません」/「あれは〜ではありません」

This isn't my hat.
これはわたしのぼうしではないわ。

This isn't my watch.
これはわたしのうでどけいじゃないわ。

That is not your jacket.
あれはあなたの上着じゃないよ。

That's not your bag.
あれはきみのかばんじゃないよ。

This isn't my chair.
これはわたしのいすじゃないわ。

This isn't your book.
これはあなたの本じゃないわ。

6 | これは〜ですか。／あれは〜ですか。 Is this 〜? / Is that 〜?

英検 5級

「これ〔あれ〕は〜ですか」という英文を身につけよう。

1. 聞いてみよう 音声で英文の発音を聞いたあと, 声に出して言ってみよう。

① **Is this a rabbit?🔼**

これはウサギですか。

② **Yes, it is.**

はい, そうです。

③ **Is that your computer?🔼**

あれはあなたのコンピュータですか。

④ **No, it isn't.**

いいえ, ちがいます。

⑤ **Is that your bird?🔼**

あれはあなたの鳥ですか。

⑥ **No, it's not.**

いいえ, ちがいます。

・・・

文法の解説
● 「これは〜ですか」とたずねるときには, Is this 〜? といい, 「あれは〜ですか」とたずねるときには, Is that 〜? といいます。

● Is this 〜?「これは〜ですか」, Is that 〜?「あれは〜ですか」に「はい, そうです」と答えるときは, Yes, it is. といい,「いいえ, ちがいます」と答えるときは, No, it is not. といいます。

● No, it is not. は, No, it isn't. と No, it's not. という, 2つの短くしたいいかたがあります。

2. 単語のかくにん
音といっしょに単語を発音しよう。
Q 最後にもう一度読まれた単語に〇をしよう。

Q ① これはウサギですか。
Is this a rabbit?

Q ② はい，そうです。
Yes, it is.

Q ③ あれはあなたのコンピュータですか。
Is that your computer?

Q ④  いいえ，ちがいます。
No, it isn't.

Q ⑤ あれはあなたの鳥ですか。
Is that your bird?

Q ⑥ いいえ，ちがいます。
No, it's not.

クイズのこたえ　①Is　②it　③computer　④No　⑤your　⑥not

Is this 〜? に答えるときも，
Is that 〜? に答えるときも，
Yes, it is. / No, it isn't. のように
it を使って答えよう。

3. 書いてみよう

英文をなぞって書いたあと，下の行に書いてみよう。
上の行の大きさに合わせるときれいに書けます。

① これはウサギですか。

なぞるよ *Is this a rabbit?*

本番

●から書きはじめよう。

② はい，そうです。

なぞるよ *Yes, it is.*

本番

単語と単語のあいだは◯くらいあけましょう。

③ あれはあなたのコンピュータですか。

なぞるよ *Is that your computer?*

本番

文字と文字のあいだはあけすぎないでね。

④ いいえ，ちがいます。

なぞるよ *No, it isn't.*

本番

Yes のとき，× Yes, it's. と
短くすることはできないよ。

⑤ あれはあなたの鳥ですか。

なぞるよ　*Is that your bird?*

本番

⑥ いいえ，ちがいます。

なぞるよ　*No, it's not.*

本番

使ってみよう！

ほかにもいろいろ

「これは〜ですか」／「あれは〜ですか」 22

Is this a ball?
これはボールなの？

Yes, it is.
うん，そうだよ。

Is that your cup?
あれはあなたのカップ？

No, it isn't.
いいや，ちがうよ。

Is this your cake?
これはきみのケーキ？

Yes, it is.
ええ，そうよ。

7 | これは何ですか。／あれは何ですか。
What is this? / What is that?

英検
5級

「これ〔あれ〕は何ですか」という英文を身につけよう。

(1. 聞いてみよう)　音声で英文の発音を聞いたあと，
声に出して言ってみよう。

（23）

① **What is that?**
あれは何ですか。

② **It is a chair.**
それはいすです。

③ **What's this?**
これは何ですか。

④ **It's an orange.**
それはオレンジです。

⑤ **What's that?**
あれは何ですか。

⑥ **It's an apple.**
それはリンゴです。

たずねる文でも最後を
上げずにいうものもあるよ。
音を聞いてみよう！

(文法の解説)
- 「これ〔あれ〕は何ですか」とたずねるときには，What is〔What's〕this〔that〕？といいます。
- What is の部分は What's という形に短くしていうことが多いです。
- What is〔What's〕this〔that〕？には It is〔It's〕～.「それは～です」と答えます。
- It is の部分は It's という形に短くしていうことが多いです。
- ④，⑥のように，日本語のア・イ・ウ・エ・オに近い音ではじまる単語の前には，a ではなく an を置きます。

36

2. 単語のかくにん

音といっしょに単語を発音しよう。
Q 最後にもう一度読まれた単語に〇をしよう。

（24）

Q① あれは何ですか。
What is that?

Q② それはいすです。
It is a chair.

Q③ これは何ですか。
What's this?

Q④ それはオレンジです。
It's an orange.

Q⑤ あれは何ですか。
What's that?

Q⑥ それはリンゴです。
It's an apple.

クイズのこたえ　①What　②It　③this　④orange　⑤that　⑥apple

What is this? とたずねる文にも，
What is that? とたずねる文にも，
It is〔It's〕〜. で答えよう。

3. 書いてみよう 英文をなぞって書いたあと，下の行に書いてみよう。
上の行の大きさに合わせるときれいに書けます。

① あれは何ですか。

なぞるよ　What is that?

本番

●から書きはじめよう。

② それはいすです。

なぞるよ　It is a chair.

本番

単語と単語のあいだは○くらいあけましょう。

③ これは何ですか。

なぞるよ　What's this?

本番

文字と文字のあいだはあけすぎないでね。

④ それはオレンジです。

なぞるよ　It's an orange.

本番

orange や apple は日本語のア・イ・ウ・
エ・オ にた音ではじまるから，
前に an を置くんだ。

38

⑤ あれは何ですか。

なぞるよ **What's that?**

本番

⑥ それはリンゴです。

なぞるよ **It's an apple.**

本番

使ってみよう！

ほかにもいろいろ

「これは何ですか」／「あれは何ですか」 🎧25

What's this?
これは何？

It's a notebook.
それはノートよ。

What is that?
あれは何？

It's a hamburger.
それはハンバーガーよ。

What's that?
あれは何？

It's a peach.
それはモモだよ。

やってみよう② 4〜7のおさらいクイズ

1 日本文に合う英語の文になるよう、□に単語を書きましょう。また、音声を聞いてかくにんしましょう。　(26)

4 のおさらい　①

これはぼくのイヌです。

my dog.

6 のおさらい　②

これは駅ですか。

a station?

6 のおさらい　③

あれはウサギですか。

a rabbit?

いいえ，ちがいます。

	_, it_	_._

7 のおさらい　④

これは何ですか。

		this?

それは車です。

	a car.

2 たずねる文と答えの文の正しい組み合わせになるように，文と文を線でつなぎましょう。

7 のおさらい ① What is this? •   • It's a dog.

6 のおさらい ② Is this your desk? •   • Yes, it is.

3 音声を聞いて，□に単語を書きましょう。 （27）

4 のおさらい ① [____] a restaurant.

5 のおさらい ② [____] [____] a train.

7 のおさらい ③ [____] [____] that?

[____] [____] bike.

1 の音声
① This is my dog. ② Is this a station?
③ Is that a rabbit? — No, it isn't. ④ What is this? — It's a car.

2 の日本語
① これは何ですか。 − それはイヌです。
② これはあなたのつくえですか。 − はい，そうです。

3 の音声と日本語
① That's a restaurant.（あれはレストランです）
② This isn't a train.（これは電車ではありません）
③ What is that?（あれは何ですか） — It's my bike.（それはわたしの自転車です）
※ ① restaurant：レストラン ② train：電車

やってみよう②のこたえ
1 ① This is ② Is this ③ Is that, No, isn't ④ What is, It's
2 ① What is this? •———• It's a dog.
　　② Is this your desk? •———• Yes, it is.
3 ① That's ② This isn't ③ What is, It's my

いろいろなあいさつ

● 1日のあいさつ

朝から昼前までのあいさつ

> Good morning.
> おはようございます。

午後のあいさつ

> Good afternoon.
> こんにちは。

夕方から夜のあいさつ

> Good evening.
> こんばんは。

夜，ねるときのあいさつ

> Good night.
> おやすみなさい。

> Hello. や Hi. は「こんにちは」という意味で，
> 一日中使うことができるよ。
> Hi. は友達など，親しい人に使うんだ。

音声で発音を聞いたあと，声に出して言ってみよう。

●お別れのあいさつ

●あやまるときの表現

●お礼の表現

Thank you very much. というと，
「ありがとうございます」とていねいな意味になるよ。

8 | わたしは〜します。／〜が好きです。
I play 〜. / I like 〜.

英検
5級

「わたしは〜します」という英文を身につけよう。

1. 聞いてみよう 音声で英文の発音を聞いたあと，声に出して言ってみよう。

① **I play baseball.**
ぼくは野球をします。

② **I play soccer.**
ぼくはサッカーをします。

③ **I play the guitar.**
わたしはギターをひきます。

④ **I like English.**
わたしは英語が好きです。

⑤ **I like toys.**
ぼくはおもちゃが好きです。

⑥ **I like cats.**
わたしはネコが好きです。

- -

文法の解説
- 「わたしは（スポーツ）をします」というときには，I play 〜. といいます。
- ③のように，I play 〜. の「〜」の部分に〈the＋楽器〉を入れて，「わたしは（楽器）をえんそうします」ということもできます。
- 「わたしは〜が好きです」というときには，I like 〜. といいます。
- ⑤，⑥のように，I like 〜. の「〜」の部分に a や an がつく単語が入る場合，たとえば a cat ではなく，cats と s がついた形になります。

音といっしょに単語を発音しよう。
Q 最後にもう一度読まれた単語に○をしよう。

 30

Q ① ぼくは野球をします。

I play baseball.

Q ②  ぼくはサッカーをします。

I play soccer.

Q ③  わたしはギターをひきます。

I play the guitar.

Q ④ わたしは英語が好きです。

I like English.

Q ⑤  ぼくはおもちゃが好きです。

I like toys.

Q ⑥  わたしはネコが好きです。

I like cats.

クイズのこたえ　①play　②soccer　③play　④like　⑤toys　⑥cats

①，②の play は「（スポーツ）をする」という意味で，
③の play は「（楽器）をえんそうする」という意味だよ。

3. 書いてみよう

英文をなぞって書いたあと，下の行に書いてみよう。
上の行の大きさに合わせるときれいに書けます。

① ぼくは野球をします。

なぞるよ　I play baseball.

本番

●から書きはじめよう。

② ぼくはサッカーをします。

なぞるよ　I play soccer.

本番

単語と単語のあいだは○くらいあけましょう。

③ わたしはギターをひきます。

なぞるよ　I play the guitar.

本番

文字と文字のあいだはあけすぎないでね。

④ わたしは英語が好きです。

なぞるよ　I like English.

本番

toy や cat のような単語を
like のあとに続けるときは，
toys や cats とするんだよ。

できたらチェック ☑

- ☐ 文の先頭は大文字かな？　☐ 文の終わりは「.」か「?」かな？
- ☐ 単語と単語のあいだは小文字1文字分くらいあいているかな？

⑤ ぼくはおもちゃが好きです。

✏なぞるよ I like toys.

✏本番

⑥ わたしはネコが好きです。

✏なぞるよ I like cats.

✏本番

使ってみよう!

ほかにもいろいろ

「わたしは〜します」／「〜が好きです」 🎧31

I play the piano.
わたしはピアノをひくの。

I like science.
ぼくは理科が好きだよ。

I like hamburgers.
ぼくはハンバーガーが好きだよ。

I like books.
ぼくは本が好きだよ。

I play basketball.
わたしはバスケットボールをするの。

I play tennis.
わたしはテニスをするの。

9 | わたしは～しません。／
～が好きではありません。
I do not play ～. / I do not like ～.

英検
5級

「わたしは～しません」という英文を身につけよう。

1. 聞いてみよう　音声で英文の発音を聞いたあと、
声に出して言ってみよう。

① **I do not play baseball.**
ぼくは野球をしません。

② **I don't play soccer.**
わたしはサッカーをしません。

③ **I don't play the guitar.**
わたしはギターをひきません。

④ **I do not like English.**
わたしは英語が好きではありません。

⑤ **I don't like toys.**
ぼくはおもちゃが好きではありません。

⑥ **I don't like cats.**
わたしはネコが好きではありません。

文法の解説
- 「わたしは（スポーツ）をしません」というときには、I と play の間に do not を置いて、I do not[don't] play ～. といいます。
- don't は do not を短くしたいいかたです。
- 「わたしは～が好きではありません」というときには、I と like の間に do not[don't] を置いて、I do not[don't] like ～. といいます。

2. 単語のかくにん

音といっしょに単語を発音しよう。
Q 最後にもう一度読まれた単語に〇をしよう。

Q ① ぼくは野球をしません。
I do not play baseball.

Q ② わたしはサッカーをしません。
I don't play soccer.

Q ③ わたしはギターをひきません。
I don't play the guitar.

Q ④ わたしは英語が好きではありません。
I do not like English.

Q ⑤ ぼくはおもちゃが好きではありません。
I don't like toys.

Q ⑥ わたしはネコが好きではありません。
I don't like cats.

．．

クイズのこたえ　①play　②play　③guitar　④like　⑤toys　⑥cats

「わたしは〜ではありません」というときは
I am not 〜. と am のあとに not を置くんだったね。
12ページをもう一度見てみよう。

49

3. 書いてみよう

英文をなぞって書いたあと，下の行に書いてみよう。
上の行の大きさに合わせるときれいに書けます。

① ぼくは野球をしません。

なぞるよ **I do not play baseball.**

本番

●から書きはじめよう。

② わたしはサッカーをしません。

なぞるよ **I don't play soccer.**

本番

単語と単語のあいだは○くらいあけましょう。

③ わたしはギターをひきません。

なぞるよ **I don't play the guitar.**

本番

文字と文字のあいだはあけすぎないでね。

④ わたしは英語が好きではありません。

なぞるよ **I do not like English.**

本番

do not は I と play の間や，
I と like の間に置くよ。

50

⑤ ぼくはおもちゃが好きではありません。

なぞるよ　I don't like toys.

本番

⑥ わたしはネコが好きではありません。

なぞるよ　I don't like cats.

本番

使ってみよう！

ほかにもいろいろ

「わたしは〜しません」/「〜が好きではありません」

 I don't play the violin.
ぼくはバイオリンをひかないよ。

I don't play the drum.
わたしはたいこをたたかないわ。

I don't like P.E.
わたしは体育が好きじゃないわ。

I don't like bananas.
ぼくはバナナが好きじゃないよ。

 I don't like birds.
ぼくは鳥が好きじゃないんだ。

I don't play volleyball.
わたしはバレーボールをしないわ。

10 | あなたは〜しますか。／ 〜が好きですか。 Do you play 〜? / Do you like 〜?

英検5級

「あなたは〜しますか」という英文を身につけよう。

1. 聞いてみよう 音声で英文の発音を聞いたあと, 声に出して言ってみよう。 🎧35

① **Do you play tennis?** ↗
あなたはテニスをしますか。

② **Yes, I do.**
はい, します。

③ **Do you play the guitar?** ↗
あなたはギターをひきますか。

④ **No, I don't.**
いいえ, ひきません。

⑤ **Do you like math?** ↗
あなたは算数が好きですか。

⑥ **No, I don't.**
いいえ, 好きではありません。

- -

文法の解説
- 「あなたは(スポーツ)をしますか」とたずねるときには, Do you play 〜? といいます。
- 「あなたは〜が好きですか」とたずねるときには, Do you like 〜? といいます。
- Do you 〜? には, Yes, I do.「はい, します」, No, I do not[don't].「いいえ, しません」と答えます。
- don't は do not を短くしたいいかたです。

2. 単語のかくにん

音といっしょに単語を発音しよう。
Q 最後にもう一度読まれた単語に○をしよう。

Q ① あなたはテニスをしますか。
Do you play tennis?

Q ② はい, します。
Yes, I do.

Q ③ あなたはギターをひきますか。
Do you play the guitar?

Q ④ いいえ, ひきません。
No, I don't.

Q ⑤ あなたは算数が好きですか。
Do you like math?

Q ⑥ いいえ, 好きではありません。
No, I don't.

．．

(**クイズのこたえ**) ① play ② do ③ you ④ No ⑤ math ⑥ I

Do you ～? には do を使って,
Yes, I do. または No, I don't. と
答えよう。

英文をなぞって書いたあと，下の行に書いてみよう。
上の行の大きさに合わせるときれいに書けます。

① あなたはテニスをしますか。

なぞるよ Do you play tennis?

本番

●から書きはじめよう。

② はい，します。

なぞるよ Yes, I do.

本番

単語と単語のあいだは○くらいあけましょう。

③ あなたはギターをひきますか。

なぞるよ Do you play the guitar?

本番

文字と文字のあいだはあけすぎないでね。

④ いいえ，ひきません。

なぞるよ No, I don't.

本番

do not は don't と短くできるけど，
I と do を短くすることはできないよ。

⑤ あなたは算数が好きですか。

なぞるよ Do you like math?

本番

⑥ いいえ，好きではありません。

なぞるよ No, I don't.

本番

使ってみよう！

ほかにもいろいろ
「あなたは〜しますか」／「〜が好きですか」 🎧37

Do you play volleyball?
きみはバレーボールをするの？

Yes, I do.
ええ，するわ。

Do you play the harmonica?
あなたはハーモニカをえんそうするの？

No, I don't.
いいや，しないよ。

Do you like music?
きみは音楽が好き？

No, I don't.
いいえ，好きではないわ。

11 | あなたは何を〜しますか。 What do you 〜?

英検 5級

「あなたは何を〜しますか」という英文を身につけよう。

1. 聞いてみよう 音声で英文の発音を聞いたあと，声に出して言ってみよう。

 38

① **What food do you like?**
あなたは何の食べ物が好きですか。

② 🍊 **I like oranges.**
ぼくはオレンジが好きです。

③ **What do you study on Mondays?**
あなたは月曜日に何を勉強しますか。

④ **I study science.**
ぼくは理科を勉強します。

⑤ **What sports do you play?**
あなたはどんなスポーツをしますか。

⑥ **I play soccer.**
ぼくはサッカーをします。

文法の解説
- 「あなたは何を〜しますか」とたずねるときには，What do you 〜? といいます。「〜」の部分には like「好きだ」や play「（スポーツ）をする」などの語が入ります。
- What do you 〜? には I 〜.「わたしは〜します」と答えます。
- ③のように，〈on ＋曜日〉で「〜曜日に」ということができます。曜日の最後に s をつけると，1 回限りではなく複数の曜日を表すことができます。
- ⑤のように，What 〜 で「どんな〜」ということができます。

2.単語のかくにん

音といっしょに単語を発音しよう。
Q 最後にもう一度読まれた単語に〇をしよう。

(39)

Q ① あなたは何の食べ物が好きですか。
What food do you like?

Q ② ぼくはオレンジが好きです。
I like oranges.

Q ③ あなたは月曜日に何を勉強しますか。
What do you study on Mondays?

Q ④ ぼくは理科を勉強します。
I study science.

Q ⑤ あなたはどんなスポーツをしますか。
What sports do you play?

Q ⑥ ぼくはサッカーをします。
I play soccer.

. . . .

クイズのこたえ　①What　②like　③Mondays　④study　⑤sports　⑥play

②の orange は an がつく単語だから、
like のあとに続くときは oranges と
なるんだね。

① あなたは何の食べ物が好きですか。

なぞるよ **What food do you like?**

本番

● から書きはじめよう。

② ぼくはオレンジが好きです。

なぞるよ **I like oranges.**

本番

単語と単語のあいだは○くらいあけましょう。

③ あなたは月曜日に何を勉強しますか。

なぞるよ **What do you study on Mondays?**

本番

文字と文字のあいだはあけすぎないでね。

④ ぼくは理科を勉強します。

なぞるよ **I study science.**

本番

曜日を表す単語をしょうかいするよ。 40

Sunday 「日曜日」, **Monday** 「月曜日」,
Tuesday 「火曜日」, **Wednesday** 「水曜日」,
Thursday 「木曜日」, **Friday** 「金曜日」,
Saturday 「土曜日」

⑤ あなたはどんなスポーツをしますか。

なぞるよ <u>What sports do you play?</u>

本番

⑥ ぼくはサッカーをします。

なぞるよ <u>I play soccer.</u>

本番

使ってみよう！ ほかにもいろいろ
「あなたは何を〜しますか」 🎧41

What do you have?
あなたは何を持っているの？

I have a racket.
ぼくはラケットを持っているよ。

What do you study on Sundays?
きみは日曜日に何を勉強するの？

I study math.
わたしは算数を勉強するわ。

What animals do you like?
あなたはどんな動物が好き？

I like rabbits.
ぼくはウサギが好きだよ。

やってみよう③ 8〜11 のおさらいクイズ

1 日本文に合う英語の文になるよう，□ に単語を書きましょう。また，音声を聞いてかくにんしましょう。

42

8 のおさらい ①

わたしは英語を勉強します。

I ☐ English.

9 のおさらい ②

ぼくはオレンジが好きではありません。

☐ ☐

☐ oranges.

10 のおさらい ③

あなたはサッカーをしますか。

☐ you play soccer?

はい，します。

☐ , I ☐ .

11 のおさらい ④

あなたは土曜日に何を勉強しますか。

☐ do you

☐ on Saturdays?

わたしは土曜日に理科を勉強します。

I ☐ science

on Saturdays.

2 たずねる文と答えの文の正しい組み合わせになるように，文と文を線でつなぎましょう。

11 ① What color do you like? •   • No, I don't.
のおさらい

10 ② Do you like rabbits? •   • I like red.
のおさらい

11 ③ What sports do you play? •   • I play baseball.
のおさらい

3 音声を聞いて，□に単語を書きましょう。 (43)

8 ① I ☐ birds.
のおさらい

9 ② ☐ ☐ play the piano.
のおさらい

11 ③ ☐ ☐ you like?
のおさらい

1の音声

①I study English.　②I don't like oranges.　③Do you play soccer? — Yes, I do.
④What do you study on Saturdays? — I study science on Saturdays.

2の日本語

①あなたは何色が好きですか。 － わたしは赤色が好きです。
②あなたはウサギが好きですか。 － いいえ，好きではありません。
③あなたはどんなスポーツをしますか。 － わたしは野球をします。
※① color：色　　red：赤色

3の音声と日本語

①I like birds.（わたしは鳥が好きです）
②I don't play the piano.（わたしはピアノをひきません）
③What do you like?（あなたは何が好きですか）

やってみよう③のこたえ
1 ① study　② I don't like　③ Do, Yes, do　④ What, study, study
2 ① What color do you like?　　No, I don't.
　　② Do you like rabbits?　　I like red.
　　③ What sports do you play?　　I play baseball.
3 ① like　② I don't　③ What do

12 ｜ 〜はいつですか。
When is 〜?

「〜はいつですか」という英文を身につけよう。

1.聞いてみよう
音声で英文の発音を聞いたあと，声に出して言ってみよう。

① **When is your birthday?**
あなたの誕生日はいつですか。

② **My birthday is July thirteenth.**
わたしの誕生日は7月13日です。

③ **When is the entrance ceremony?**
入学式はいつですか。

④ **The entrance ceremony is April eighth.**
入学式は4月8日です。

⑤ **When is Halloween?**
ハロウィーンはいつですか。

⑥ **Halloween is October thirty-first.**
ハロウィーンは10月31日です。

文法の解説
- 「〜はいつですか」というときには，When is 〜? といいます。
- When is 〜?「〜はいつですか」には，日づけや曜日などを答えます。
- 日づけは one, two, three ではなく，first「1日」, second「2日」, third「3日」,「4日」から後は数字に 〜th をつけていいます（fifth「5日」など，数字の形が変わるものもあります）。twenty「20」, thirty「30」に 〜th をつけるときは，y を ie にして twentieth, thirtieth といいます。

2. 単語のかくにん

音といっしょに単語を発音しよう。
Q 最後にもう一度読まれた単語に〇をしよう。

Q ① あなたの誕生日はいつですか。

When is your birthday?

Q ② わたしの誕生日は7月13日です。

My birthday is July thirteenth.

Q ③ 入学式はいつですか。

When is the entrance ceremony?

Q ④ 入学式は4月8日です。

The entrance ceremony is April eighth.

Q ⑤ ハロウィーンはいつですか。

When is Halloween?

Q ⑥ ハロウィーンは10月31日です。

Halloween is October thirty-first.

- -

クイズのこたえ　① birthday　② My　③ When　④ April　⑤ is　⑥ October

 ④のように，うしろに日本語のア・イ・ウ・エ・オに近い音ではじまる単語があるときには，The は「ジ」という発音になるよ。

日づけは〈月の名前＋日にち〉の順でいうよ。

3. 書いてみよう

英文をなぞって書いたあと，下の行に書いてみよう。
上の行の大きさに合わせるときれいに書けます。

① あなたの誕生日はいつですか。

なぞるよ *When is your birthday?*

本番

●から書きはじめよう。

② わたしの誕生日は 7 月 13 日です。

なぞるよ *My birthday is July thirteenth.*

本番

単語と単語のあいだは○くらいあけましょう。

③ 入学式はいつですか。

なぞるよ *When is the entrance ceremony?*

本番

文字と文字のあいだはあけすぎないでね。

④ 入学式は 4 月 8 日です。

なぞるよ *The entrance ceremony is April eighth.*

本番

月を表す単語をしょうかいするよ。 46

January 「1月」, **February** 「2月」, **March** 「3月」,
April 「4月」, **May** 「5月」, **June** 「6月」,
July 「7月」, **August** 「8月」, **September** 「9月」,
October 「10月」, **November** 「11月」, **December** 「12月」

⑤ ハロウィーンはいつですか。

なぞるよ **When is Halloween?**

本番

⑥ ハロウィーンは 10 月 31 日です。

なぞるよ **Halloween is October thirty-first.**

本番

使ってみよう!　ほかにもいろいろ
「～はいつですか」 🎧47

When is Sports Day?
運動会はいつ?

Sports Day is October fifth.
運動会は 10 月 5 日だよ。

When is the festival?
そのお祭りはいつ?

The festival is August tenth.
そのお祭りは 8 月 10 日よ。

When is the concert?
そのコンサートはいつ?

The concert is May twentieth.
そのコンサートは 5 月 20 日だよ。

13 | ～はどこにありますか。 Where is ～?

英検5級

「～はどこにありますか」という英文を身につけよう。

1. 聞いてみよう 音声で英文の発音を聞いたあと, 声に出して言ってみよう。

 48

① **Where is my book?**
わたしの本はどこにありますか。

② **It's on the desk.**
それはつくえの上にあります。

③ **Where is the station?**
駅はどこですか。

④ **It's near the park.**
それは公園の近くにあります。

⑤ **Where's your dog?**
あなたのイヌはどこにいますか。

⑥ **It's under the table.**
それはテーブルの下にいます。

文法の解説
- ●「～はどこにありますか」というときには, Where is ～? といいます。
- ●Where is ～? には,〈It's＋場所を表す単語＋....〉で「それは…にあります」と答えます。
- ●⑤のように, Where is ～? で「～はどこにいますか」ということもできます。
- ●where's は where is を短くしたいいかたです。

2. 単語のかくにん

音といっしょに単語を発音しよう。
Q 最後にもう一度読まれた単語に○をしよう。

Q ①  わたしの本はどこにありますか。

Where is my book?

Q ② それはつくえの上にあります。

It's on the desk.

Q ③  駅はどこですか。

Where is the station?

Q ④ それは公園の近くにあります。

It's near the park.

Q ⑤ あなたのイヌはどこにいますか。

Where's your dog?

Q ⑥ それはテーブルの下にいます。

It's under the table.

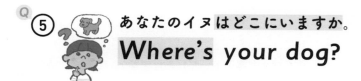

クイズのこたえ ① Where ② on ③ station ④ near ⑤ dog ⑥ under

Where is ～? には場所を答えよう。
場所を表す単語をしょうかいするよ。
on ～ 「～の上に」, under ～ 「～の下に」,
in ～ 「～の中に」, near ～ 「～の近くに」

3. 書いてみよう

英文をなぞって書いたあと，下の行に書いてみよう。
上の行の大きさに合わせるときれいに書けます。

① わたしの本はどこにありますか。

なぞるよ Where is my book?

本番

● から書きはじめよう。

② それはつくえの上にあります。

なぞるよ It's on the desk.

本番

単語と単語のあいだは◯くらいあけましょう。

③ 駅はどこですか。

なぞるよ Where is the station?

本番

文字と文字のあいだはあけすぎないでね。

④ それは公園の近くにあります。

なぞるよ It's near the park.

本番

場所を表す単語は，
ものの名前の前にくるよ。

⑤ あなたのイヌはどこにいますか。

なぞるよ *Where's your dog?*

本番

⑥ それはテーブルの下にいます。

なぞるよ *It's under the table.*

本番

使ってみよう!
ほかにもいろいろ
「～はどこにありますか」 🎧50

Where is the department store?
デパートはどこ?

It's near the station.
駅の近くよ。

Where is my cap?
わたしのぼうしはどこ?

It's in the box.
箱の中にあるよ。

Where is your cat?
きみのネコはどこにいるの?

It's on the bed.
ベッドの上にいるわ。

14 | 何時ですか。
What time is it?

英検
5級

「何時ですか」という英文を身につけよう。

1. 聞いてみよう 音声で英文の発音を聞いたあと，
声に出して言ってみよう。

（51）

① **What time is it?**
何時ですか。

② **It's three thirty.**
3時半です。

③ **What time is it in Japan?**
日本では何時ですか。

④ **It's four o'clock.**
4時です。

⑤ **What time do you get up?**
あなたは何時に起きますか。

⑥ **I get up at seven.**
ぼくは7時に起きます。

文法の解説
- 「何時ですか」とたずねるときには，What time is it? といいます。
- What time is it? には，It's ～.「～時です」と答えます。
- 「あなたは何時に～しますか」とたずねるときには，What time do you ～? といいます。「～」の部分には，play「（スポーツ）をする」や study「勉強する」，get up「起きる」などが入ります。
- What time do you ～? には，I ～ at ....「わたしは…時に～します」と答えます。

音といっしょに単語を発音しよう。
Q 最後にもう一度読まれた単語に〇をしよう。

Q ①

何時ですか。

What time is it?

Q ②

3時半です。

It's three thirty.

Q ③

日本では何時ですか。

What time is it in Japan?

Q ④

4時です。

It's four o'clock.

Q ⑤

あなたは何時に起きますか。

What time do you get up?

Q ⑥

ぼくは7時に起きます。

I get up at seven.

....

クイズのこたえ　①time　②three　③Japan　④four　⑤What　⑥seven

④の o'clock は，「～時ちょうど」の
ときに使うことがあるよ。

3. 書いてみよう 英文をなぞって書いたあと，下の行に書いてみよう。
上の行の大きさに合わせるときれいに書けます。

① 何時ですか。

なぞるよ

What time is it?

本番

● から書きはじめよう。

② 3時半です。

なぞるよ

It's three thirty.

本番

単語と単語のあいだは○くらいあけましょう。

③ 日本では何時ですか。

なぞるよ

What time is it in Japan?

本番

文字と文字のあいだはあけすぎないでね。

④ 4時です。

なぞるよ

It's four o'clock.

本番

〈at＋時こく〉で「～時に」ということができるんだ。
時こくは9:10であれば nine ten のように，
前から時・分で区切って読むよ。

72

⑤ あなたは何時に起きますか。

なぞるよ What time do you get up?

本番

⑥ ぼくは7時に起きます。

なぞるよ I get up at seven.

本番

使ってみよう！ ほかにもいろいろ
「何時に〜しますか」 🎧53

What time do you eat breakfast?
あなたは朝ごはんを何時に食べるの？

At seven.
7時だよ。

What time do you eat dinner?
きみは何時に晩ごはんを食べるの？

At seven thirty.
7時半だよ。

What time do you go to bed?
あなたは何時にねるの？

I go to bed at ten.
ぼくは10時にねるよ。

やってみよう④ 12〜14のおさらいクイズ

1 日本文に合う英語の文になるよう，□に単語を書きましょう。また，音声を聞いてかくにんしましょう。

🎧 54

12 のおさらい ① そのお祭りは 8 月 10 日にあります。

The festival ☐☐☐☐

August tenth.

13 のおさらい ② イヌはどこにいますか。

☐☐☐☐ is the dog?

ベッドの下にいます。

☐ ☐ under the bed.

2 アメリカ合衆国の俳優にインタビューをします。次のことを英語でたずねましょう。

12 のおさらい ① あなたの誕生日はいつですか。

☐☐☐☐ is your

birthday?

13 のおさらい ② あなたの家はどこですか。

☐☐☐☐ is your house?

14 のおさらい ③ あなたは何時に起きますか。

☐☐☐☐ time do you get up?

3 たずねる文と答えの文の正しい組み合わせになるように，文と文を線でつなぎましょう。

12 ① When is your birthday? ● ● It's near the station.
のおさらい

13 ② Where is your school? ● ● I go to bed at ten.
のおさらい

14 ③ What time do you go ● ● My birthday is May
のおさらい to bed? twentieth.

4 音声を聞いて，□に単語を書きましょう。

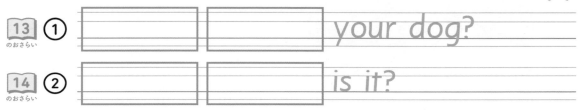

13 ① ☐ ☐ your dog?
のおさらい

14 ② ☐ ☐ is it?
のおさらい

1 の音声
① The festival is August tenth. ② Where is the dog? — It is under the bed.

3 の日本語
① あなたの誕生日はいつですか。 − わたしの誕生日は5月20日です。
② あなたの学校はどこにありますか。 − 駅の近くにあります。
③ あなたは何時にねますか。 − わたしは10時にねます。

4 の音声と日本語
① Where is your dog? (あなたのイヌはどこにいますか)
② What time is it? (何時ですか)

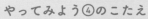

やってみよう④のこたえ
1 ① is ② Where, It is
2 ① When ② Where ③ What
3 ① When is your birthday? It's near the station.
② Where is your school? I go to bed at ten.
③ What time do you go to bed? My birthday is May twentieth.
4 ① Where is ② What time

お店で使う表現

●人に話しかけるときの表現

> Excuse me.
> すみません。

> Hi. や Hello. と
> 話しかけることもあるよ。

●相手にほしいものをたずねる表現と，ほしいものを答える表現

> What would you like?
> 何になさいますか。

> I'd like a sandwich.
> サンドイッチをください。

音声で発音を聞いたあと，声に出して言ってみよう。

●数をたずねる表現

How many hamburgers?
ハンバーガーはいくつになさいますか。

Five hamburgers, please.
ハンバーガーを5つください。

●値段をたずねる表現

How much is this?
これはおいくらですか。

It's 2,500 yen.
2,500円です。

数を表す単語

one「1（の）」　two「2（の）」　three「3（の）」　four「4（の）」　five「5（の）」

six「6（の）」　seven「7（の）」　eight「8（の）」　nine「9（の）」

ten「10（の）」　hundred「100（の）」　thousand「1,000（の）」

15 | ～して（ください）。 ～しなさい。 Get up. / Study ～. など

英検 5級

「～して（ください），～しなさい」という英文（えいぶん）を身（み）につけよう。

1. 聞（き）いてみよう 音声（おんせい）で英文（えいぶん）の発音（はつおん）を聞（き）いたあと，声（こえ）に出（だ）して言（い）ってみよう。 57

① **Get up!**
起（お）きて！

② **Study English.**
英語（えいご）を勉強（べんきょう）してね。

③ **Practice baseball every day.**
毎日（まいにち），野球（やきゅう）を練習（れんしゅう）しなさい。

④ **Go to bed!**
ねなさい！

「ベッドに行（い）きなさい」というのが文字（もじ）どおりの意味（いみ）だね。

⑤ **Don't go to the river.**
川（かわ）に行（い）ってはいけませんよ。

⑥ **Let's go to the library.**
いっしょに図書館（としょかん）に行（い）きましょう。

文法（ぶんぽう）の解説（かいせつ）
- 「～する」を表（あらわ）す語（ご）で文（ぶん）を始（はじ）めると，「～して（ください）」「～しなさい」という意味（いみ）になります。意味（いみ）のちがいは声（こえ）の調子（ちょうし）で表（あらわ）します。
- 「～して（ください）」「～しなさい」の文（ぶん）の前（まえ）に Don't を置（お）くと，「～しないで（ください）」「～してはいけません」という意味（いみ）になります。
- 「～して（ください）」「～しなさい」の文（ぶん）の前（まえ）に Let's を置（お）くと，「（いっしょに）～しましょう」という意味（いみ）になります。

2. 単語のかくにん

音といっしょに単語を発音しよう。
Q 最後にもう一度読まれた単語に〇をしよう。

58

Q ① 起きて！
Get up!

Q ② 英語を勉強してね。
Study English.

Q ③ 毎日，野球を練習しなさい。
Practice baseball every day.

Q ④ ねなさい！
Go to bed!

Q ⑤ 川に行ってはいけませんよ。
Don't go to the river.

Q ⑥ いっしょに図書館に行きましょう。
Let's go to the library.

....

クイズのこたえ　①Get　②Study　③Practice　④Go　⑤Don't　⑥Let's

まず「〜して（ください），〜しなさい」のいいかたを覚えてから，
Don't や Let's をつけたいいかたを覚えよう。

79

英文をなぞって書いたあと，下の行に書いてみよう。
上の行の大きさに合わせるときれいに書けます。

① 起きて！

なぞるよ　Get up!

本番

●から書きはじめよう。

② 英語を勉強してね。

なぞるよ　Study English.

本番

単語と単語のあいだは◯くらいあけましょう。

③ 毎日，野球を練習しなさい。

なぞるよ　Practice baseball every day.

本番

文字と文字のあいだはあけすぎないでね。

④ ねなさい！

なぞるよ　Go to bed!

本番

Let's には「あなたといっしょに」
という意味がこめられているよ。

⑤ 川に行ってはいけませんよ。

なぞるよ　Don't go to the river.

本番

⑥ いっしょに図書館に行きましょう。

なぞるよ　Let's go to the library.

本番

使ってみよう！　ほかにもいろいろ
「〜して（ください），〜しなさい」
（道案内の表現）　🎧59

Go straight.
まっすぐ行って。

Stop.
止まって。

Turn left.
左に曲がって。

Turn right.
右に曲がって。

I'm sorry, I don't know.
ごめんなさい，わかりません。

Near the library.
図書館の近くだよ。

16 | わたしは～しました。
ate / enjoyed / went など

「わたしは～しました」という英文を身につけよう。

1. 聞いてみよう 音声で英文の発音を聞いたあと，声に出して言ってみよう。

 60

① **What did you do today?**
あなたは今日，何をしましたか。

② **I went to the zoo.**
わたしは動物園へ行きました。

③ **I enjoyed watching soccer.**
ぼくはサッカーを見て楽しみました。

④ **What did you eat for lunch?**
あなたはお昼ごはんに何を食べましたか。

⑤ **I ate a hamburger.**
ぼくはハンバーガーを食べました。

⑥ **It was good.**
おいしかったです。

....

文法の解説
●「～しました」というときには，「～します」とはちがう形を使います。
　I play ～. が I played ～. のようになります。
●「あなたは～しましたか」は Did you play ～? のようにいいます。
●「～です」は It is ～. でしたが，「～でした」は It was ～. といいます。

82

2. 単語のかくにん

音といっしょに単語を発音しよう。
Q 最後にもう一度読まれた単語に○をしよう。

Q ①
あなたは今日，何をしましたか。
What did you do today?

Q ②
わたしは動物園へ行きました。
I went to the zoo.

Q ③
ぼくはサッカーを見て楽しみました。
I enjoyed watching soccer.

Q ④
あなたはお昼ごはんに何を食べましたか。
What did you eat for lunch?

Q ⑤
ぼくはハンバーガーを食べました。
I ate a hamburger.

Q ⑥
おいしかったです。
It was good.

クイズのこたえ ① did ② went ③ enjoyed ④ eat ⑤ ate ⑥ was

① あなたは今日，何をしましたか。

なぞるよ <u>What did you do today?</u>

本番

● から書きはじめよう。

② わたしは動物園へ行きました。

なぞるよ <u>I went to the zoo.</u>

本番

単語と単語のあいだは ○ くらいあけましょう。

③ ぼくはサッカーを見て楽しみました。

なぞるよ <u>I enjoyed watching soccer.</u>

本番

文字と文字のあいだはあけすぎないでね。

④ あなたはお昼ごはんに何を食べましたか。

なぞるよ <u>What did you eat for lunch?</u>

本番

84

⑤ ぼくはハンバーガーを食べました。

なぞるよ I ate a hamburger.

本番

⑥ おいしかったです。

なぞるよ It was good.

本番

使ってみよう！

ほかにもいろいろ

「わたしは〜しました」 🎧62

Did you go to the supermarket?
あなたはスーパーに行ったの？

No. I went to the convenience store.
いや，ぼくはコンビニに行ったんだよ。

What did you study this evening?
今日の夜は，何を勉強したのかな？

I studied math.
わたしは算数を勉強したわ。

What did you play?
あなたは何をえんそうしたの？

I played the guitar.
わたしはギターをひいたの。

17 | わたしは～できます。
I can ～.

英検 5級

「わたしは～できます」という英文を身につけよう。

1. 聞いてみよう 音声で英文の発音を聞いたあと, 声に出して言ってみよう。

① **I can play the guitar.**
わたしはギターをひけます。

② **I can play the piano well.**
ぼくはピアノを上手にひけます。

③ **I can't use a computer.**
わたしはコンピュータを使えません。

④ **Can you play the violin?** ↗
あなたはバイオリンをひけますか。

⑤ **Yes, I can.**
はい, ひけます。

⑥ **No, I can't.**
いいえ, ひけません。

文法の解説
- 「わたしは～できます」というときには, I can ～. といいます。
- ②のように, 「上手に」というときは well を文の最後に置きます。
- 「わたしは～できません」というときには, I can't [cannot] ～. といいます。
- can't は cannot の短いいいかたです。
- 「あなたは～できますか」というときには, Can you ～? といい, Yes, I can. 「はい, できます」, No, I can't [cannot]. 「いいえ, できません」と答えます。

2. 単語のかくにん

音といっしょに単語を発音しよう。
Q 最後にもう一度読まれた単語に〇をしよう。

Q ①

わたしはギターをひけます。

I can play the guitar.

Q ②

ぼくはピアノを上手にひけます。

I can play the piano well.

Q ③

わたしはコンピュータを使えません。

I can't use a computer.

Q ④

あなたはバイオリンをひけますか。

Can you play the violin?

Q ⑤

はい，ひけます。

Yes, I can.

Q ⑥

いいえ，ひけません。

No, I can't.

....

クイズのこたえ　① play　② can　③ use　④ violin　⑤ Yes　⑥ No

well は「上手に」という意味で，
文の最後に置くことが多いよ。

87

英文をなぞって書いたあと，下の行に書いてみよう。
上の行の大きさに合わせるときれいに書けます。

① わたしはギターをひけます。

なぞるよ　I can play the guitar.

本番

●から書きはじめよう。

② ぼくはピアノを上手にひけます。

なぞるよ　I can play the piano well.

本番

単語と単語のあいだは○くらいあけましょう。

③ わたしはコンピュータを使えません。

なぞるよ　I can't use a computer.

本番

文字と文字のあいだはあけすぎないでね。

④ あなたはバイオリンをひけますか。

なぞるよ　Can you play the violin?

本番

Can you ～？には，Yes, I can.,
No, I can't. と答えるよ。

⑤ はい，ひけます。

✏なぞるよ　Yes, I can.

✏本番

⑥ いいえ，ひけません。

✏なぞるよ　No, I can't.

✏本番

使ってみよう！　ほかにもいろいろ
「わたしは〜できます」 🎧65

I can sing well.
ぼくは上手に歌えるよ。

I can't draw pictures well.
わたしは上手に絵をかけないわ。

Can you play basketball?
きみはバスケットボールをすることができる？

Yes, I can.
ええ，できるわ。

Can you run fast?
あなたは速く走れる？

No, I can't.
いいや，走れないよ。

89

18 | わたしは〜したいです。／ わたしは〜になりたいです。 I want to 〜. / I want to be 〜.

「わたしは〜したいです」「わたしは〜になりたいです」という英文を身につけよう。

1. 聞いてみよう
音声で英文の発音を聞いたあと，声に出して言ってみよう。

① **I want to go to the USA.**
わたしはアメリカ合衆国に行きたいです。

② **I want to eat a sandwich.**
わたしはサンドイッチを食べたいです。

③ **I want to be a singer.**
ぼくは歌手になりたいです。

④ **I want to be a doctor.**
ぼくは医者になりたいです。

⑤ **What do you want to do?**
あなたは何をしたいですか。

⑥ **What do you want to be?**
あなたは何になりたいですか。

文法の解説
- 「わたしは〜したいです」というときには，I want to 〜. といいます。
- 「わたしは〜になりたいです」というときには，I want to be 〜. といいます。
- 「あなたは何をしたいですか」とたずねるときには，What do you want to do? といいます。
- 「あなたは何になりたいですか」とたずねるときには，What do you want to be? といいます。

2. 単語のかくにん

音といっしょに単語を発音しよう。
Q 最後にもう一度読まれた単語に○をしよう。

Q ① わたしはアメリカ合衆国に行きたいです。

I want to go to the USA.

Q ② わたしはサンドイッチを食べたいです。

I want to eat a sandwich.

Q ③  ぼくは歌手になりたいです。

I want to be a singer.

Q ④  ぼくは医者になりたいです。

I want to be a doctor.

Q ⑤  あなたは何をしたいですか。

What do you want to do?

Q ⑥  あなたは何になりたいですか。

What do you want to be?

. . . .

クイズのこたえ ① want ② eat ③ singer ④ be ⑤ want ⑥ What

> I want to ～. の「～」の部分には
> 「～する」を表す単語が入るよ。

① わたしはアメリカ合衆国に行きたいです。

なぞるよ　I want to go to the USA.

本番

●から書きはじめよう。

② わたしはサンドイッチを食べたいです。

なぞるよ　I want to eat a sandwich.

本番

単語と単語のあいだは○くらいあけましょう。

③ ぼくは歌手になりたいです。

なぞるよ　I want to be a singer.

本番

文字と文字のあいだはあけすぎないでね。

④ ぼくは医者になりたいです。

なぞるよ　I want to be a doctor.

本番

I want to be ～. の「～」の部分には
職業を表す単語が入ることが多いよ。

⑤ あなたは何をしたいですか。

なぞるよ　What do you want to do?

本番

⑥ あなたは何になりたいですか。

なぞるよ　What do you want to be?

本番

使ってみよう！

ほかにもいろいろ

「〜したいです」／「〜になりたいです」 🎧68

What do you want to do?
きみは何をしたいの？

I want to dance.
わたしはおどりたいわ。

What do you want to be?
あなたは何になりたいの？

I want to be a pilot.
ぼくはパイロットになりたいんだ。

Where do you want to go?
きみはどこに行きたいの？

I want to go to Canada.
わたしはカナダに行きたいわ。

やってみよう ⑤   15〜18 のおさらいクイズ

1 日本文に合う英語の文になるよう，□ に単語を書きましょう。また，音声を
聞いてかくにんしましょう。　🎧 69

17 のおさらい ①

あなたはギターをひけますか。

□ you play the guitar?

はい，ひけます。

Yes, I □ .

18 のおさらい ②

あなたは何になりたいですか。

□ do you want to be?

ぼくは教師になりたいです。

I □ to be a teacher.

15 のおさらい ③

走らないで。

□ run.

17 のおさらい ④

ぼくはピアノをひくことができません。

I □ play the piano.

94

2 イラストにある矢印のように目的地まで道案内をしましょう。

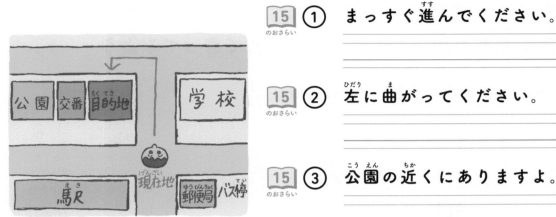

📘15 ① まっすぐ進んでください。
のおさらい

📘15 ② 左に曲がってください。
のおさらい

📘15 ③ 公園の近くにありますよ。
のおさらい

3 音声を聞いて，□に単語を書きましょう。 🎧70

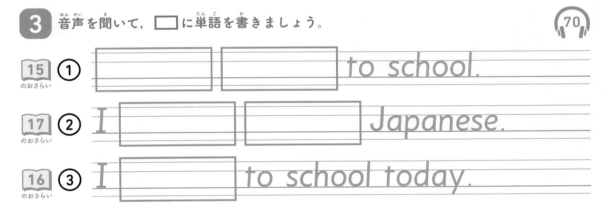

📘15 ① ☐☐ to school.
のおさらい

📘17 ② I ☐☐ Japanese.
のおさらい

📘16 ③ I ☐ to school today.
のおさらい

1 の音声
① Can you play the guitar? — Yes, I can.
② What do you want to be? — I want to be a teacher.
③ Don't run.　④ I can't play the piano.

3 の音声と日本語
① Let's go to school. （学校に行きましょう）
② I can speak Japanese. （わたしは日本語を話せます）
③ I went to school today. （わたしは今日，学校へ行きました）

やってみよう⑤のこたえ
1 ① Can, can　② What, want　③ Don't　④ can't
2 ① Go straight.　② Turn left.　③ It's near the park.
3 ① Let's go　② can speak　③ went

電話で使う表現

音声で発音を聞いたあと，声に出して言ってみよう。

●電話で自分の名前を言うときの表現

Hello. This is Takeshi.
もしもし。タケシです。

電話で名前を言うときは
This is ～. というんだ。

●電話で「～さんはいますか」とたずねる表現

Can I speak to Emma?
エマさんはいますか。

Speaking.
わたしです。

〔小学生のための英語練習帳3 英語の文250［改訂版］〕　　　　　　　　　　　　　　S4g233